Lachende Bütt

Band 35

15 Büttenreden und Zwiegespräche

VERLAG OTTO TEICH · DARMSTADT

ISBN 3-8069-0279-8

Inhaltsverzeichnis

Et Butterblümchen

Büttenrede von Hans Bols

Nachdem ich jetzt mit meiner Melissa siebzehn Jahre verlobt bin, komme ich um die Heirat nicht mehr rum!

Ich habe gar keine Lust!

Unseren Pastor hatte ich vorher gefragt, was denn so eine Hochzeit bei ihm kosten würde. „Och", sagte da unser Pastor, „das kommt darauf an, was Ihnen Ihre Frau wert ist." Da habe ich ihm drei Mark gegeben. An dem Morgen, als nun die Hochzeit war und der Pastor sieht mich und meine Frau, da hat der mir eine Mark und fünfundzwanzig wiedergegeben!

Auf der Hochzeitsfeier saßen wir dann alle nett zusammen. Der Herr Studienrat hat eine Rede gehalten und meinte zum Schluß: „Ich möchte doch bitten, ihr Männer, geht nie in ein Striptease-lokal, denn da seht ihr was, was ihr nicht sehen sollt!" Ich bin trotzdem hingegangen! Ich habe auch gesehen, was ich nicht sehen sollte: Unseren Studienrat!

Ich habe gar keine Lust!

Meinen Freund, den Labbes, haben wir auch zur Hochzeitsfeier eingeladen. Der erzählte: „Als meine erste Frau starb, habe ich die Schwester von ihr geheiratet. Als die starb, wieder die Schwester, dann wieder die Schwester, dann die Nichte und als die starb, wieder davon die Schwester." Ich sage: „Mensch, du mußt aber an der Familie hängen!" Meinte der Labbes: „Was heißt hier hängen, ausrotten will ich die!"

Der Onkel Hein erzählte: „Als ich meine Frau geheiratet habe, hatten wir schon im Jahr danach Zwillinge, das Jahr später Drillinge, dann ein Jahr weiter kamen wieder Zwillinge." Ich frage: „Und dann wieder Drillinge?" Sagt der Onkel: „Nein, dann hat meine Frau so Kapseln eingenommen von Affendrüsen." Ich sage: „Und jetzt keine Kinder mehr?" Meint der Onkel: „Doch, jedes Jahr! Aber ich habe nichts mehr damit zu tun. Die kommen, springen auf die Fensterbank, dann in die Bäume, weg sind sie!"

Ich sage: „Onkel Hein, du hast ja eine Beule am Kopf, wie kam denn das?" Jammert der: „Ja, ja, die Tante und ich haben uns die Ferien aus dem Kopf geschlagen." Ich sage: „Hein, wie kommt es denn, daß die Tante zwei Beulen am Kopf hat?" Meint er: „Das kann ich dir sagen! Die Tante wollte auch vierzehn Tage länger bleiben als ich!"

Und unsere Oma hatte ihr neues Kleid an. Ein Traum von Kleid, der Rock war aus fünfunddreißig Meter Tüll! Ja, der Opa ist jetzt in dem Alter, wo das Suchen mehr Spaß macht, als das Finden!

Ich habe gar keine Lust!

Meine Nichte, das Röschen, die hatte alles gehört. Die saß in der Ecke und hatte einen roten Kopf. Die ist noch ein bißchen naiv! Wissen Sie, was naiv ist? – Naiv ist, wenn eine Achtzehnjährige von ihrer Mutter zum Zahnarzt geschickt wird und sie kommt wieder mit ihren Kleidern über dem Arm und sagt: „Mutti, Mutti, er hat gar nicht gebohrt!"

Mein Vetter war auch da, der ist Nervenarzt. Der hat jetzt einen tollen Apparat erfunden. Der macht so Drähte am Kopf fest und dann kann der genau an den Herztönen feststellen, was der Mensch denkt. Hat der drei Männer in die Praxis kommen lassen. Den ersten ins Behandlungszimmer geholt, Drähte dran und sagt: „Denken Sie bitte einmal an die letzte Miß Germany!" – Tocktock-tocktock –. „Jetzt denken Sie bitte einmal an Ihre Frau!" – Tock – tock – tock –. „So, danke, das ist normal." Den nächsten rein, Drähte dran und er sagt: „Denken Sie bitte mal an die letzte Miß Germany!" – Tock – tock – tock –. „Jawohl, und jetzt an Ihre Frau." Tocktocktocktock –. „Oh, das ist aber nicht normal, wie kommt das?" Meint der Mann: „Och das kommt, weil ich erst zwei Tage verheiratet bin." Dann der nächste ins Zimmer, Drähte dran und wieder: „Denken Sie mal an die letzte Miß Germany." – Tooooock – toooock – tooooooock toooock –. „Denken Sie mal an Ihre Frau." Tooooock – tooooock – tooooooooock –. Meint mein Vetter: „Jaaa, das ist aber sehr unnormal, das gibt es ja gar nicht.

Gehen sie wieder zurück zu den beiden Herren ins Wartezimmer!" Tocktocktocktocktock – – –

Jetzt hat dieser Vetter auch eine Freundin! Am Sonntag hat er sie gefragt: „Darf ich Sie zum Tanzen einladen?" Meint sie: „Wenn Sie so gut sein möchten, aber daß mir nichts passiert!" Im Lokal sagt er: „Darf ich bitten?" Sie antwortet: „Wenn Sie so gut sein möchten, aber daß mir nichts passiert!" Zum Schluß fragt er sie: „Darf ich Sie nach Hause begleiten?" Sie wieder: „Wenn Sie so gut sein möchten, aber daß mir nur nichts passiert!" Da wird es ihm zu bunt: „Jetzt haben Sie schon dreimal gesagt ‚Aber daß mir nichts passiert!'. Ist Ihnen eigentlich schon mal was passiert?" Darauf meint sie: „Nein, aber wenn Sie so gut sein möchten!"

Meine Familie wächst, blüht und gedeiht. Kürzlich kamen noch Zwillinge an. Als ich meine Frau im Krankenhaus besuchte, kam ich in das Zimmer, hatte sie beide Bengel im Arm. Mir spritzten die Tränen an den Pupillen vorbei. Ich sage: „Frau, ich habe es nicht gewollt!" Da meint sie: „Beruhige dich, du hast es ja auch nicht getan!"

Aber sonst haben wir es nett zu Hause in unserer Zwei-Zimmer-Wohnung. Nur, wenn ich mit der Mutter mal ein bißchen lustig sein will, müssen wir die Kinder an die Nachbarn abgeben. Einmal haben wir unseren Heiner ans Fenster gestellt, er sollte sich mal das Haus gegenüber ansehen! Die Mutter und ich waren gerade so schön lustig, da sagt der Heiner: „Papa, die Müllers drüben fangen jetzt auch an, wo soll ich denn jetzt hingucken?"

Da bin ich in mein Stammlokal gegangen – „ZUM KLEBRIGEN GLÄSCHEN". Kommt da einer rein, hat so eine Tragetasche dabei, haut die gegen die Theke und bestellt ein Bier und einen Schnaps. Bums, wieder die Tasche vor die Theke. Wieder ein Bier und einen Schnaps. Bums, wieder die Tasche gegen die Theke. Schimpft der Wirt: „Du machst mir doch alles kaputt!" Da meint der: „Da habe ich auch Grund dazu, ich habe sechs Richtige im Lotto und meine Frau hat vergessen, den Lottoschein abzugeben!" Sagt der Wirt: „Das ist ja ein Ding! Wenn das meine Frau gemacht hätte, der hätte ich den Kopf abgerissen!" Meint der Mann ganz ruhig: „Was meinst du wohl, was ich hier in der Tasche habe?!"

Alaaf!

Reklame-Willi

Büttenrede von Willi Armbröster
im rheinischen Dialekt

Von der Wiege bis zur Bahre
sind die schönsten Lebensjahre,
doch wie trostlos wär das Leben,
würd es keine Werbung geben,
und et Fernsehn hätte dann,
laufend Löcher im Programm.

Ohne Whiskas-Werbefunk,
wär uns Katz nen ärmen Hunk,
denn se wär infolgedessen
glatt gezwungen, Mäus zu fressen.

Doch zunächst ein kleiner Test,
ob ihr fernseh-werbefest.

Hast du Ärger mit der Lola
kauf ihr eine Coca-Cola.
Ist se trotzdem noch nicht froh,
probier et mal mit Haribo.
Wenn se aber kratzt und beißt,
nimm Klosterfrau-Melissengeist.

Nackofien für stiewe Nacke,
Kackolan is für ze – für Kakerlake.

Doch unerreicht ist in der Tat,
Doktor Schwadros Schwadronat.

Hast du Schwadronat im Haus,
geht dir nie der Ofen aus.

Allerdings vorausgesetz,
is ne Keller voll Briketts.

Schwadronat mit Petersilie
gibt der Zahnarzt der Familie.

Schwadronat macht Kinder selig,
Katholiken evangelisch,
jeder gute Advokat
schwadroniert mit – Schwadronat.

Bist du müde und malad,
zwanzig Tropfen Schwadronat
schon auf einen Liter Korn
hebt die Stimmung ganz enorm.

Ratsam bei ner Kegeltour:
Schwadronat auf Whisky-pur,
und der bravste Bauernfänger
jodelt wie ein Opernsänger.

Bist du andern Tags nicht fit,
garantiert hilft Schwadrowitt.

Sollte Schwadrowitt versagen,
nicht verzagen – Willi fragen.

In diesem Fall hilft ganz bestimmt
Doktor Schwadros Schwadromint.

Schwadromint, und das ist Klasse,
übernimmt die Krankenkasse.

Unentbehrlich wie Benzin:
Doktor Schwadros Schwadrolin.

Schwadrolin ins Badewasser
macht das Badewasser nasser
und hilft alten Volksgenossen
auch bei Aids und Sommersprossen.
Ist für Dicke und für Dünne,
und für die – die nit mieh künne.

In der Hornstoß jede Bien,
schützt sich heut mit Schwadrolin.
Bei Gefahr von Herzinfarkt:
Schwadro-Forte-Extrastark!

Ist der Papa müd und schlapp,
Schwadrolat bringt ihn auf Trapp.
Einen Löffel Schwadrolat
in den Selleriesalat,
macht aus jedem Veteran
einen wilden Dschingis-Khan.

Selbst im fernsten Emirat
schätzt man Schwadros Schwadrolat.
Ali Khan und Ali Baba,
auch die Königin von Saba,
selbst die ältesten Eunuchen
sind ganz wild auf Eierkuchen,
denn man bäckt ihn delikat
nur mit Schwadros-Schwadrolat.

Hilflos wär die Medizin
ohne unser Schwadrofin.
Schwadrofin im Magensaft
hilft dem Magen sagenhaft;
gibts in Tuben und in Näpfchen,
für Genießer auch als Zäpfchen.

Hast du Schwadrofin zur Hand,
ist dir Schnupfen unbekannt.
Hast du aber einen Schlicks,
schnell und fix hilft Schwadronix.

Auch zur geistigen Entschlackung
in der großen Haushaltspackung.

Schon der praktische Verschluß
ist für Kenner ein Genuß.
Es genügt ein kleiner Picks
und schon ham' Se Schwadronix.

Auch der Rest ist noch zu brauchen,
den könn' Se in der Pfeife rauchen.

Doch die allerneuste Masche
Schwadronate in der Flasche,
neuerdings auch mit Glucose
in der Trockenbeerendose.

Selbst Politiker, o Graus,
haben Schwadronat im Haus,
denn mit Schwadros Schwadronate
kannste unwahrscheinlich schwade.

Insbesondre Literate,
Präsidente, Stadtsoldate,
jeder kluge Elferrat
deckt sich ein mit Schwadronat.
Und von denne kannste liere,
stundelang zu schwadroniere.

Schwadronat ist wie gesagt
heutzutage sehr gefragt.
Deshalb möcht ich Ihnen raten,
jede Art von Schwadronaten,
sei's in Dosen oder Tellern,
zentnerweise einzukellern.

Schwadronat erhalten Sie
heut in jeder Drogerie,
allen Banken, allen Kassen,
selbst auf Kölner Rheinterrassen
und in jedem Pastorat.
Öwerall, wo einer schwad,
kriegen Se heut akkurat,
in der Tat und delikat
Doktor Schwadros Schwadronat.

Tut dir aber gar nichts weh
und du fühlst dich ganz okay,
spürst kein Rheuma, kein Gastritis,
nicht einmal ne Maroditis,
Oma, Opa, Katz und Hund,
quietschfidel und kerngesund,
Frau und Kinder völlig fit, –
dann empfehl ich Schwadrolit.

Schwadrolit in kleinsten Dosen
gibt gleich Krämpfe und Neurosen.
Husten, Schnupfen, Heiserkeit
machen sich im Hause breit.
Schnellstens bist du auf die Aat
wieder reif für – Schwadronat!

Also Freunde – nicht vergessen,
dreimal täglich vor dem Essen
und noch zweimal hinterher,
Dr. Schwadro freut das sehr.

Ich persönlich allerdings
steh auf – Hillers Pfefferminz!

Alaaf!

Ne Weltenbummler

Büttenrede von Gerd Rück

Wissen Sie, wie Beamte ihr Geld verdienen? Nein, nicht im Schlaf! Wie Frösche: Sitzen auf dem Hintern, verharren stundenlang bewegungslos und warten auf die Mücken.

Am Abend vor meiner Weltreise hatte ich einen tollen Traum: Ich war im Himmel und saß direkt neben Albert Einstein. Kommt ein Engel von links, fragt ihn der Einstein: „Intelligenzquotient?" Sagt der Engel: „Einhundertundachtzig!" Meint der Einstein: „Achtzig über dem Durchschnitt? Dann kann ich mich ja mit dir über Atomphysik unterhalten." Kurz darauf kommt ein Engel von rechts. Dasselbe Spiel! „Intelligenzquotient?" Der antwortet: „Einhundertundneunzig!" Freut sich der Einstein: „Neunzig über dem Durchschnitt? Dann kann ich mich mit dir ja über meine Relativitätstheorie unterhalten." In dem Moment kommt ein Engel direkt auf mich zu. Ich frage: „Und was für einen IQ hast du?" Antwortet der: „Fünfunddreißig!" Ich sage: „Interessant! Was steht denn Neues im ‚BILD'?" *(Oder eine andere Zeitung einsetzen)*

In Bonn angekommen, ließ der Spieß im Verteidigungsministerium die ganze Kompanie antreten und brüllt: „Stube 108 ist mit vier Mann belegt! Beim gestrigen Abendappell war keiner der Herren anwesend. Wo waren Sie, Meier?" Sagt der: „Herr Feldwebel, ich war gestern in einem Film. Der Film hatte Überlänge. Um nicht zu spät zu kommen, mietete ich mir eine Pferdedroschke. Der Kutscher trieb sein Pferd zur höchsten Eile an. Das Pferd erlitt einen Herzinfarkt, fiel tot um, mußte ich aussteigen, zu Fuß gehen, bin ich zu spät gekommen." Sagt der Spieß: „In Ordnung! – Müller?" Meldet der: „Herr Feldwebel, ich war auch in dem Film. Der Film hatte Überlänge. Um nicht zu spät zu kommen, mietete ich mir eine Pferdedroschke. Der Kutscher trieb sein Pferd zur höchsten Eile an. Das Pferd erlitt einen Herzinfarkt, fiel tot um, mußte ich aussteigen, zu Fuß gehen, bin ich zu spät gekommen." Da wurde der Spieß schon unlustig. Brüllte: „Schulz?" Fing der doch auch an: „Herr Feldwebel, ich war ebenfalls in dem Film, mietete auch eine Pferdedroschke..." Brüllt der Spieß: „Aufhören! – Schmitz! Jetzt sagen Sie nur, Sie wären auch in dem Film gewesen und hätten sich danach eine Pferdedroschke genommen!" Meint der Schmitz: „Nein, ich habe mir eine Taxe genommen. Und ob Sie es glauben oder nicht, da kam ich an eine Stelle, da lagen drei tote Pferde. Kamen wir nicht durch, mußte ich aussteigen, zu Fuß gehen, bin ich eben auch zu spät gekommen."

Ich in den Staatszirkus rein. Geht eine Tür auf, gucke ich rein: Sitzt doch mitten in dem Büro ein Beamter an seinem Schreibtisch und hatte neben sich einen Beamtenwindhund! ... Kennen Sie nicht? ...... Eine Schildkröte!

Anschließend war geheime Kabinettssitzung. Junge, der Bundeskanzler schimpfte: „Unverschämtheit! Dauernd ist das DDR-Fernsehen über unsere geheimsten internen Vorgänge bei Kabinettssitzungen informiert. Bei uns muß es eine undichte Stelle geben. Und aus diesem Grund verläßt heute keiner zwischendurch die Sitzung, bis nicht alles abgesprochen ist!" Die Sitzung fängt an. Nach zwei Stunden meldet sich der Arbeitsminister und sagt: „Ich muß aber mal!" Er durfte nicht raus! Eine Stunde später meldet sich der Arbeitsminister schon wieder: „Ich kann es nicht mehr aushalten!" Er durfte nicht raus! Zehn Minuten später kommt die Frau des Arbeitsministers mit einem Koffer rein. Meint der Kanzler: „Was soll das?" Antwortet sie: „Das DDR-Fernsehen hat gerade gemeldet, mein Mann braucht dringend frische Unterhosen!"

Ich weiter! In München angekommen, latsche ich so über den Stachus, gehen doch vor mir zwei buntgekleidete Detlefs, engumschlungen. Höre ich, wie der eine zu dem anderen sagt: „Du, ich bin heute so stark drauf, ich könnte eine Straßenbahn anmachen!" Sagt der andere: „Tingelingeling, ich bin die Linie 19!"

In Italien angekommen, ich auf das nächste Schiff. Wollte einer meine Fremdsprachenkenntnisse testen und fragt: „Was heißt denn auf thailändisch ‚Meine Mütze liegt auf der Mauer'?" Ich sage: »Kap an na mur!" Meint er: „Quatsch! Probieren wir mal etwas anderes: Was heißt denn auf ägyptisch ‚Kuhstall'?" Ich sage: „Mu-barak!" Sagt der: „Letzte Chance! Was heißt denn auf englisch ‚Polizeibeamter im Innendienst'?" Ich sage: „Sitting bull!"

Auf dem Schiff habe ich einen tollen Witz gehört!
Der deutsche Bundeskanzler und der Generalsekretär der russischen kommunistischen Partei treffen sich im Magen vom amerikanischen Präsidenten. Meint der Generalsekretär: „Mich hat der amerikanische Präsident gefressen." Sagt der deutsche Kanzler: „Ich bin von der anderen Seite reingekommen!"

Auf dem Heimweg in der DDR meint in Leipzig ein amerikanischer Arzt: „Well, yesterday evening in die Vereinigte Staaten of Amerika hat ein berühmter Fachkollege von mir in der neuen Rekordzeit von nur einer Stunde zwei Nieren transplantiert." Ich sage: „Das ist doch gar nichts! Gestern abend hat hier in Leipzig ein Zahnarzt in der neuen Rekordzeit von nur vier Stunden einen Backenzahn gezogen. Meint der Ami: „Well, ein Backenzahn in vier Stunden? Das soll ein Rekord sein?" Ich sage: „Sicher! Hier darf ja keiner den Mund aufmachen, der mußte den von hinten ziehen!"

Kaum wieder daheim in Köln, ich schlendere über die Rue de Severin und rein in die nächste Kneipe! Jubel, Trubel, Heiterkeit! Das Bier zwei Groschen, der doppelte Whisky drei Groschen, die Flasche Sekt fünf Groschen! Ich sage zu dem Mann hinter der Theke: „Lieber Wirt, ist etwas Besonderes? Darf man gratulieren?" Sagt der: „Ich bin nicht der Wirt! Der Wirt ist bei meiner Frau und macht meine Ehe kaputt. Jetzt mache ich dem seine Wirtschaft kaputt!"

Alaaf!

Kapitän und Matrose

Zwiegespräch von Franz Unrein und Harry Fey

Kapitän: Na, wie ich sehe, schon wieder besoffen?
Matrose: Nein, nicht schon wieder – – immer noch!

Kapitän: Mußt du denn immer so viel trinken?
Matrose: Ich muß nicht müssen, ich mache das mit Freuden und freiwillig!

Kapitän: Hast du eigentlich noch keinen Krach mit dem neuen Matrosen, den ich in das Bett über dir einquartiert habe?
Matrose: Warum soll ich denn mit dem ruhigen Vertreter Krach kriegen?
Kapitän: Ja, das weiß doch auf diesem Schiff jeder, daß der ein Bettnässer ist!
Matrose: Also, wenn das auch jeder weiß, bis zu mir ist noch nichts durchgesickert!

Kapitän: Übrigens hat die ältere Frau von Kabine 11 sich über dich beschwert.
Matrose: Daran ist der ihr Mann schuld! Ich sagte zu dem: „Warum ist denn Ihr alter Drahtesel immer so mit Gold und Diamanten behangen wie ein Pfingstochse?" Da meinte der: „Meine Frau hat sehr viel Geld verdient. Sie war im ältesten Gewerbe der Welt tätig, wenn Sie das verstehen!" Ich habe dem geantwortet: „Und ob ich das verstehe! Ich glaube sogar, daß die bei der Gründung schon dabei war!"

Kapitän: Ich glaube eher, daß die Alte schizophren ist.
Matrose: Das habe ich dem Knacker auch gesagt. Doch der meint, bei dem Geld spielt die Religion keine Rolle.

16

Kapitän:	Hast du schon das Telegramm für dich beim Funker abgeholt?
Matrose:	Na klar, meine Frau hat was Kleines bekommen.
Kapitän:	Ein Junge oder ein Mädchen?
Matrose:	Das ist doch egal! Sieh mal, ein Junge, der wird achtzehn und dann kommt der Verteidigungsminister und dann wird der Junge eingezogen.
Kapitän:	Ja und bei einem Mädchen?
Matrose:	Das wird sechzehn und dann kommt ein einfacher Soldat und dann wird das ausge...! Im Grunde ist es doch egal, ob Junge oder Mädchen.

Was war eigentlich die schönste Trauung, die Sie als Kapitän auf diesem Traumschiff vollzogen haben?

Kapitän: Das weiß ich noch ganz genau! Das war ein Pärchen aus Sachsen. Die Schwiegermutter bestand darauf, daß ich bei der Trauung betonen sollte, daß das Mädchen als Jungfrau in die Ehe geht.

Matrose: Das wollte die Alte mir damals auch erzählen. Ich sagte zu der: „Was haben die denn dann so während der Verlobung getan?" Meinte die doch: (*sächsisch*) „Die sind jeden Tag mit dem Moped in den Wald gefahren." Ich sagte: „Und dann wollen Sie mir erzählen, daß da noch nie etwas passiert ist?!" Meinte die: (*sächsisch*) „Da konnte doch gar nichts passieren, die hatten doch beide einen Sturzhelm auf!"

Kapitän: Hast du gehört, hier auf dem Traumschiff wird der Job als Dolmetscher frei.

Matrose: Dann melde ich mich, das wäre was für mich.

Kapitän: Sag bloß, du beherrschst Fremdsprachen! Was heißt denn zum Beispiel auf ungarisch: Messer, Gabel und Löffel?

Matrose: Nichts einfacher als das! Messer, Gabel und Löffel heißt auf ungarisch: ‚Ääßbääästääck!'

Kapitän: Hast du schon mit dem geizigen Schotten Verbindung gehabt?

Matrose: Hören Sie mir bloß mit dem auf! Der hat nur ein Hemd mit an Bord gebracht. Gestern abend meinte ich zu ihm: „Mister Geizkragen, wenn Ihnen von unserer Verpflegung das Hemd am Kragen zu eng wird, kaufen Sie sich dann ein neues?" Wissen Sie, was der geantwortet hat: „Ein neues Hemd kostet Geld und ärztliche Betreuung ist umsonst. Also, wenn das Hemd zu eng wird, lasse ich mir zuerst einmal die Mandeln rausnehmen."

Kapitän: Junge, auf so einem Schiff kriegst du ja allerhand mit, wenn du den Gesprächen an der Reling so zuhörst!

Matrose: Das können Sie wohl laut sagen! Gestern morgen stand ein Berliner an der Reling und sagte: „Wenn ike mir det Morgens rasiert habe, fühle ike mir wie zwanzig. Dann bin ike so fit, det keen Bikini vor mir sicher ist!" Fing seine Frau an zu lachen und meinte: „Dann rasier' dich mal abends, ehe wir in die Koje huschen!"

Kapitän: Dieser Berliner! Ich habe erst gestern noch zu ihm gesagt: „Sie haben so eine nette junge Frau und stehen jeden Abend an der Bar!"

Matrose: Das habe ich auch zu ihm gesagt! Er sollte doch lieber ein paar Mark für seine Frau anlegen – dann hätte die im Bett nicht immer so kalte Füße!

Kapitän: Und immer wieder diese Angeber an der Bar, wenn sie bis an den Rand voll sind. Gestern sagte so ein Protz: „Ist mir doch vor Wochen meine Segeljacht abgesoffen!" Ich sagte: „Sowas passiert doch jeden Tag, warum erwähnen Sie das?" Meinte der Angeber: „Jeden Tag schon, aber nicht in meinem Swimmingpool!"

Matrose: Mir wollte der auch einen unterjubeln. Seine Vorfahren hätten schon an der Arche Noah mitgebaut! Ich sagte zu ihm: „Das hat mir mein Onkel auch erzählt, der fuhr doch oft mit seiner Motorjacht vorbei!"

Kapitän: Gestern kommt doch so ein kleiner aufgeweckter Junge zu mir und fragt: „Onkel, hier steht, wenn wir nach Afrika kommen, sehen wir auch Pygmäen und ein Reservat. Onkel, was ist ein Reservat?" Ich sagte: „Junge, das ist ein Druckfehler. Das heißt ‚Reserve-Rad'!"

	Aber der Kleine ließ nicht locker. Meinte er noch: „Onkel, wo liegen eigentlich die Antillen?"
Matrose:	Das haben Sie doch sicher gewußt!
Kapitän:	Woher soll ich das wissen! Unser Zahlmeister räumt doch abends immer auf!

So fahren wir von Land zu Land,
bekommen zwar nie das ‚Blaue Band'.
Wir lieben an Bord manch' schönes Kind
und freu'n uns, wenn wir nach großer Fahrt
wieder bei uns im Rheinland sind.
Drum bis bald mal ‚Willkommen an Bord'.
Alaaf und helau! – Na, ist das ein Wort?!

A l a a f !

Ne Beschwipste

Büttenrede von Reinhard Clement

Sachen gibts! – Gerade draußen an der Theke habe ich einen Finanzbeamten getroffen, von der Steuerfahndung. Wir haben zusammen einen getrunken. Da sagte der Finanzmensch zu mir: „Stellen Sie sich vor, als ich noch klein war, wollte ich mal Räuber werden." Ich sagte: „Au, da haben Sie aber Schwein gehabt. Nur wenige Menschen können sich Ihren Jugendtraum erfüllen."

Ja, ja, Steuern! Kennen Sie schon den Unterschied zwischen einem Münzfernsprecher und der Bundesregierung? – Bei einem Münzfernsprecher muß man erst bezahlen, und dann wählen...

Jetzt wollen die das Ganze auch noch reformieren. Steuerreform! Junge, Junge, ist das ein Theater mit der Steuerreform. Muß das schwer sein! Keiner weiß, woher man das Geld für die Reform nehmen soll. Jetzt weiß ich auch endlich, was ‚Reform' überhaupt heißt. Das ist nur eine Abkürzung: R.E.F.O.R.M. = Riesige Erschwernis für offensichtlich ratlose Minister!

Aber die haben mich auf eine Idee gebracht. Bei mir zu Hause wird ab sofort genauso gewirtschaftet wie im Bundeshaushalt. – Das geht! – Ich habe es genau ausgerechnet. Wenn ich die nächsten zwei Raten für meinen Fernseher und die nächsten drei Raten für meinen Video-Recorder nicht bezahle, dann kann ich nächste Woche schon mein neues Auto anzahlen.

Sachen gibts! – Letzte Woche hat mein Nachbar zu mir gesagt: „Die Mehrwertsteuer wird doch noch erhöht." Ich sage: „Quatsch, das hätten die doch vor der Bundestagswahl sagen müssen." Meinte der: „Ja, hast du das denn nicht gesehen? Das stand doch im letzten Jahr schon auf allen Wahlplakaten – in großer weißer Schrift auf weißem Grund!"

Wachsen ist ja immer gut! Aber das einzige, was bei mir wächst, ist meine Wampe! Gucken Sie sich den Apparat mal an. Ich habe gestern noch in der Zeitung gelesen: Bei meinem Gewicht müßte ich mindestens einmeterdreiundneunzig groß sein. Aber ich kann essen und trinken was ich will, ich wachse zum Verrecken nicht!

Dabei esse ich seit acht Wochen Diätmargarine. Zwei Monate lang nur Diätmargarine! Glauben Sie, ich hätte bis jetzt ein Pfund abgenommen? Obwohl ich mir die Margarine jeden Morgen auf alle sieben Frühstücksbrötchen geschmiert habe.

Vergessen Sie alles, was Sie bisher über Diät gehört haben. Am Trinken kann es auch nicht liegen. Ich trinke gewöhnlich nur dann Bier, wenn ich zu einer Karnevalssitzung gehe, – oder wenn ich abends alleine zu Hause bleibe. – Manchmal trinke ich auch einen während der Arbeitszeit, – oder vielleicht auch mal, wenn ich Feierabend habe. Aber sonst packe ich keinen Tropfen Bier an. – Außer, wenn ich Durst habe!

Jetzt habe ich schon extra wegen meinem Ranzen eine Schlankheitskur mitgemacht – in Ostfriesland. Da haben die mich erst einmal untersucht. Dann sagte der Arzt: „Mein Herr, ab sofort essen Sie zwei Wochen lang mittags und abends ein Steak." Ich sage: „Ist in Ordnung, – vor oder nach den Mahlzeiten?"

Typisch Ostfriesland! Sachen gibts da! Waren Sie schon einmal in Ostfriesland in einer Oben-Ohne-Bar? – Das war vielleicht ein Reinfall! Zuerst wußte ich gar nicht, warum die Kneipe Oben-Ohne-Bar hieß. Bis es dann auf einmal anfing, in mein Bier reinzuregnen.

Unmögliche Sitten! Ich sage am Strand zu einer Frau: „Hören Sie mal, ist das Ihr Sohn, der gerade meine Schuhe im Sand vergräbt?" Meint die: „Nein, meiner ist der, der dahinten Ihr Kofferradio ins Meer wirft."

Und diese ostfriesischen Ärzte! Das Trinken soll ich aufgeben! Trinken ist angeblich ungesund! So ein Quatsch, ungesund! Gucken Sie sich mal abends auf den Straßen richtig um. Da laufen doch mehr alte Betrunkene rum als alte Ärzte.

Aber als Autofahrer muß man konsequent sein. Da gibts für mich kein Pardon! Wenn ich Alkohol getrunken habe, gehe ich grundsätzlich zu Fuß – zum Auto.

Ja, man muß aufpassen! Ich habe heute schon wieder einen Unfallbericht in der Zeitung gelesen. Ein Autofahrer kam in einer Linkskurve plötzlich ins Schleudern, drehte sich, knallte dann mit dem Heck gegen die Leitplanke, durch diesen Aufprall überschlug er sich, landete dann auf der gegenüberliegenden Fahrbahnseite – und dann muß er wohl allmählich die Kontrolle über den Wagen verloren haben.

Lachen Sie nicht! Sagen Sie nicht, Ihnen könnte so etwas nicht passieren! Unfallursache war ein ungünstiges Zusammenwirken von Aquavit und Aquaplaning!

Es soll ja Leute geben, die trinken nur Rotwein. Den sieht man bei der Blutprobe nicht.

Da herrschen bei uns im Kegelclub strengere Sitten. Wir fahren grundsätzlich zusammen in einem Wagen nach Hause. Letzte Woche war ich dran. Alle waren sich einig: „Reinhard, heute mußt du ans Steuer. Du bist zu betrunken zum Mitsingen!"

Was blieb mir anderes übrig? Ich gab Gas: Fünfzig, siebzig, neunzig, die Parkplätze flogen nur so an uns vorbei. Sie wissen was ein Parkplatz ist? Ein Parkplatz ist ein freier Zwischenraum auf der gegenüberliegenden Straßenseite, der verschwindet, während man sein Auto wendet.

Weiter gings! Hundertzehn, hundertdreißig – und dann kam auch schon die Kelle raus: „Polizeikontrolle, Sie sind zu schnell gefahren. Haben Sie denn das Schild mit der Geschwindigkeitsbegrenzung nicht gesehen?" Ich sage: „Was? Bei dem Tempo auch noch Schilder lesen?!"

Vierzig Mark sollte ich bezahlen. Ich ziehe wütend den Zaster aus der Tasche und der Polizist schreibt mir eine Quittung. Ich sage: „Quittung? Was soll ich denn damit?" Meint der: „Die müssen Sie gut aufheben und sammeln. Wenn Sie zehn Stück zusammen haben, bekommen Sie ein Fahrrad!"

Alaaf!

Klein Schlauköpfchen und Groß Doofi

(Pitter und Manes)

Z w i e g e s p r ä c h v o n H e i d i S p i e s

Pitter: Junge, Junge, Manes, du siehst aber gut aus, frisch und braun gebrannt. Wie war denn der Urlaub?

Manes: Prima, Pitter, alles wunderbar! Ich hatte nen Bungalow direkt am Meer, einen herrlichen Strand vor der Türe, der Himmel war strahlend blau und die Sonne, die brachte so siebenundzwanzig Grad, nur das Essen war eine Katastrophe.

Pitter: Warum hast du dann nicht selbst gekocht?

Manes: Habe ich ja!

Pitter: Also, wenn ich Urlaub habe, spare ich nicht am Essen. Da ist mir nichts zu gut. Es muß mindestens ein renommierter Multi-Miillionärs-Laden sein.

Manes: Sieh mal an!

Pitter: Ja, ich gehe zu McDonald!

Also, ich war ja im Herbst mit meinem Jüngsten auf einem Bauernhof. Weißt du, mit alles Natur drumrum.

Manes: Und, wie war es da?

Pitter: Naja, es war ganz interessant. Ich habe dem Bauern immer bei der Arbeit zugeguckt.

Manes: Das ist doch nichts Neues.

Pitter: Aber eines konnte ich nicht verstehen. Die Kühe auf der Wiese, die waren so dünn, die konnten einem leid tun. Ich dachte, die brechen glatt zusammen.

Manes: Ja, warum um alles in der Welt, waren die denn so dünn?

Pitter: Ja, der Bauer hat den Stier verkauft und seitdem fressen die nur noch Vergißmeinnicht.

Aber das ist gar nicht so einfach auf so einem Bauernhof. Was du da alles wissen mußt! Der Sohn von dem
Bauern muß den ganzen Kram doch glatt auf der Uni-
versität studieren.

Manes: Wie nennt man das noch mal? Bauernwirtschaft? –
Nein, jetzt habe ich es, Agrarwirtschaft!
Pitter: Nein, Chemie!

Manes: Sag, Pitter, ich bringe mir jedesmal was vom Urlaub
mit. Jetzt habe ich mir eine Muschel mitgebracht, die ist
schneeweiß, so groß – und ich habe sie selbst gefun-
den.
Pitter: Was du nicht sagst! Ich habe mir auch was mitgebracht.
Speck.
Manes: Geräuchert?
Pitter: Nein, sieh mal, alles Bauchspeck!

Jetzt will ich mir den abtrainieren. Gestern war ich deshalb beim Arzt. Aber der hat mir meine Idee aus dem
Kopf geschlagen. Er meint, ich könnte kein Tennis spielen.
Manes: Das hätte ich dir auch sagen können.

Also, Pitter, das muß ich dir noch erzählen. Auf dem
Heimflug habe ich ein nettes Mädchen kennengelernt.
Wir haben uns schon fünfmal getroffen.
Pitter: Sieh mal an!
Manes: Ja, seitdem ich die kenne, kann ich weder essen noch
trinken.
Pitter: Donnerwetter, so verliebt bist du?
Manes: Quatsch, so pleite!

Und stell' dir vor, sie meint, ich sei ein Juwel.
Pitter: Da wäre ich aber vorsichtig, nicht daß sie dich versetzt!

Sag mal, wie alt bist du eigentlich?
Manes: Ich wurde 1940 geboren.
Pitter: Also weißt du, das sagst du mir jetzt schon seit Jahren.
Du mußt doch auch mal älter werden!

Du, ich habe gestern den Molls Heinrich beim Einbre-
chen beobachtet.
Manes: Lieber Gott, der ist doch bei der Polizei!
Pitter: Ja, aber die Eisdecke im Teich war schon zu dünn!

Ich dahin und rufe: „Heinrich, bist du eingebrochen?"
Meint der: „Nein, der Winter hat mich beim Baden überrascht."

Manes: Du kannst aber auch blöde Fragen stellen. Weißt du eigentlich, daß der Pröllhorns August im Gefängnis einsitzt?

Pitter: Wie konnte denn das passieren?

Manes: Tja, zu lange Finger und zu kurze Beine!

Pitter: Hör mal, was ist eigentlich aus dem Trötemanns Erwin geworden? Wollte der nicht in die Regierung? Was macht der denn jetzt?

Manes: Nichts! Er ist drin.

Von dem erfahre ich immer, was noch keiner weiß.

Pitter: Sag bloß, was Politisches?

Manes: Ja!

Pitter: Mensch, das ist ja spannend! Was gibt es denn so?

Manes: Aber keinem weitererzählen!

Pitter: Ehrenwort!

Manes: Paß auf! Die Ostfriesen haben den Chinesen ein Telex geschickt: ‚Erklären Krieg, haben drei Panzer und vierhundertundzwölf Soldaten.'

Pitter: Ich werde verrückt!

Manes: Die Chinesen haben direkt zurückgedrahtet: ‚Erklärung akzeptiert. Haben zweiundzwanzigtausend Panzer und fünf Millionen Soldaten.'

Pitter: Das ist ja schrecklich!

Manes: Reg' dich nicht auf, die Ostfriesen haben daraufhin ihre Absichten geändert. Sie schickten ein Telegramm nach China: ‚Müssen Kriegserklärung zurücknehmen, haben zu wenig Betten für Gefangene.'

Pitter: Nein, das wäre mir zu aufregend in der Politik. Das wäre nichts für mich. Da lobe ich mir doch meinen Posten auf dem Rathaus.

Manes: Was machst du denn da eigentlich?

Pitter: Paß auf, jeder Brief, der da ankommt, der kriegt einen Eingangsstempel, und das tue ich!

Manes: Mensch, ist das denn auf die Dauer nicht langweilig?

Pitter: Langweilig? Ganz im Gegenteil! Jeden Tag ein anderes Datum!

Manes:	Wie ist denn bei euch die Arbeitsmoral?
Pitter:	Wie bei Robinson.
Manes:	Was heißt denn das?
Pitter:	Warten auf Freitag!
Manes:	Hör mal, kennst du die teuerste Flüssigkeit der Welt?
Pitter:	Französischer Champagner?
Manes:	Nein!
Pitter:	Russischer Krimsekt?
Manes:	Nein!
Pitter:	Auch nicht? Was dann?
Manes:	Beamtenschweiß!

A l a a f !

Ein Schulmädchen

Damen-Büttenrede von Marion Huhn

Als ich heute morgen mit der Straßenbahn zur Schule fuhr, saß mir unsere Nachbarin, die Frau Meyer, gegenüber. Die hat gerade ihr erstes Kind bekommen und schwört auf antiautoritäre Erziehung. Habe ich sie gefragt: „Was ist es denn, ein Junge oder ein Mädchen?" Meint sie: „Das soll unser Kind später einmal selbst entscheiden."

In der ersten Stunde hatten wir Deutsch. Fragt mich mein Lehrer: „Mariechen, kannst du mir sagen, was ‚analog' ist?" Ich sage: „Aber sicher, ‚analog' ist die Vergangenheit von Anna lügt!"

In der Pause haben wir uns zu dritt gestritten, wer von uns den schnellsten Vater hat. Meint die erste: „Mein Vater hat ein Motorrad und fährt zweihundertundfünfzig km/h!" Meint die zweite: „Ha, meiner fliegt einen Düsenjet! Der ist noch viel schneller!" Ich sage: „Das ist doch gar nichts! Mein Vater ist Beamter, hört jeden Tag um vier Uhr mittags auf zu arbeiten und ist um drei Uhr schon zu Hause!"

Nach der Pause war bei uns in der Klasse wieder was los! Auf einmal wird die Türe aufgerissen, der Schulrat stürmt herein, schnappt sich den größten von uns, der am lautesten schrie, schmiß ihn vor die Türe und sagte: „Du bleibst so lange draußen, bis du dich wieder benehmen kannst!" Als er uns dann den Marsch geblasen hatte, meinte er: „Wo ist denn eigentlich euer Lehrer?" Habe ich ihn gefragt: „Darf ich ihn jetzt wieder hereinholen?"

Auf dem Heimweg von der Schule mußte ich an der Sparkasse noch Geld holen. Vor mir am Schalter stand einer, der wollte zweitausend Mark in Fünfzigmark-Scheinen haben. Der zählte das Geld auch nach: Fünfzig, hundert, einhundertfünfzig, zweihundert, zweihundertfünfzig, dreihundert und so weiter bis tausend. Dann steckte er das ganze Geld ein. Ich fragte: „Warum haben Sie denn nicht bis zweitausend gezählt?" Meinte der: „Och, wenn es bis tausend in Ordnung war, dann wird der Rest bestimmt auch stimmen!"

Als ich mein Geld hatte, drehte ich mich um und sagte zu meinem Nebenmann: „Donnerwetter, das dahinten ist aber ein toller Typ! Kurze Haare, Sonnenbrille, enge Jeans – ist das ein Junge oder ein Mädchen?" Sagt der neben mir: „Das ist meine Tochter!" Ich sagte: „Entschuldigen Sie, ich wußte ja nicht, daß Sie der Vater sind." Meinte der: „Von wegen Vater, ich bin die Mutter!"

Endlich zu Hause angekommen, rief mein Vater ganz aufgeregt: „Schnell, ruf den Doktor an, die Mama hat eine Maus verschluckt!" Ich an's Telefon, meinte der Doktor: „Ich komme sofort! In der Zwischenzeit soll sie den Mund ganz weit aufmachen und ein Stück Speck davor halten!" Als der Doktor kam, meinte er: „Warum hältst du denn einen Rollmops davor? Ich habe doch gesagt ‚Speck'!" Ich sage: „Das haben wir ja auch getan, aber jetzt müssen wir die Katze wieder herauslocken!"

Am anderen Morgen hatte ich Abiturprüfung. Als ich zu dem Prüfer komme, meinte der: „Kennen wir uns nicht?" Ich sage: „Doch, vom letzten Mal." Meinte er: „Na, dann wird es ja diesmal bestimmt klappen! Wie lautete denn damals meine erste Frage?" Ich antworte: „Kennen wir uns nicht?"

Meinen ersten Job habe ich in einem Hotel bekommen. Ich hatte gerade zu einem Urlaubsgast gesagt: „Nein, mein Herr, haben wir nicht!" Geht der Direktor auf den Gast zu und sagt: „Aber natürlich haben wir das. Ich lasse es Ihnen sofort besorgen!" Als der Gast ging, fragte mich der Direktor: „Sag' mal, was wollte der Gast eigentlich?" Ich sage: „Och, der wollte nur wissen, ob wir hier in der Gegend viel Regen haben."

Weil das Gewerbe nichts für mich war, habe ich in einem Kaufhaus angefangen. Also, es gibt ja Kunden! Eine Kundin wollte fünftausend Kilo Stahlwolle haben. Ich fragte: „Wofür brauchen Sie die denn?" Da meinte die: „Ich will meinem Mann zu Weihnachten ein Auto stricken!"

Nach sechs Wochen Probezeit fragt mich mein Chef: „Wie schaffen Sie es nur, an einem Tag so viel falsch zu machen?" Ich sage: „Kein Problem, ich stehe eben früh auf!"

In dem Moment klingelt das Telefon. Ich hebe ab, sagt einer: „Ich hätte gerne den Lehrling Becker gesprochen. Ich bin nämlich sein Großvater." Antwortete ich: „Tut mir leid, aber der ist vor zwei Stunden zu Ihrer Beerdigung gegangen!"

Drum such' dir zum lachen immer einen Grund,
denn wer immer lacht, der bleibt gesund.
Hier in der Bütt brachte ich meinen Klaaf,
euer Mariechen

Kölle alaaf!

Ne Verdötschte

Büttenrede von Klaus-Peter Friedrichs

Ich komme aus einer ganz armen Familie. Wir waren zu Hause so arm, ich mußte mir früher mit meinem Bruder ein Bett teilen. Aber das hat sich geändert. Ich habe geheiratet. – Jetzt liegen wir zu dritt im Bett.

Als ich letzte Woche eines Abends müde von der Arbeit nach Hause kam, fragte ich meine Frau: „Was gibt es denn heute zu essen?" Meinte sie: „Würstchen, ich weiß aber nicht, wie ich die machen soll." Ich sagte: „Ist doch einfach, kochen, wie vor zwei Wochen den Fisch." Nach einer Viertelstunde kam sie ins Wohnzimmer gerannt und meinte: „Die Würstchen sind fertig, wenn man sie ausgenommen hat, ist aber nicht mehr viel dran."

Am vergangenen Samstag hat meine Frau mich zum Bäcker einkaufen geschickt. Ich mache die Haustüre auf, es regnet in Strömen! Ich sage zu meiner Frau: „Bei so einem Sauwetter schickt man doch keinen Hund vor die Türe!" Meint sie zu mir: „Ich habe ja auch nicht gesagt, daß du den Hund mitnehmen sollst!"

Vom Metzger sollte ich noch Hühner mitbringen. Ich sage zu dem Metzger: „Ich hätte gerne drei Hühner." Meint der Metzger: „Ich habe aber nur noch sechs zur Auswahl." Ich sage: „Dann suchen Sie mir die drei ältesten aus." Der Metzger bekam schon Freudentränen in die Augen und meinte: „Soll ich sie etwas einpakken?" Ich sage: „Nein danke, ich nehme die anderen drei."

An dem Mittag gab es bei uns Sauerbraten mit Klößen. Ich sage zu meiner Frau: „Du weißt doch genau, daß ich davon immer Magenbeschwerden bekomme!" Meinte sie: „Nein, diesmal nicht! Ich habe den Kamillentee gleich mit reingekocht."

Mein großes Hobby ist ja das Angeln. Meinte mein Anglerkollege: „Ich hatte letzte Woche einen Hecht an der Angel – einhundertzwanzig Pfund schwer!" Ich sage: „Das ist doch gar nichts! Ich hatte gestern ein Fahrrad am Haken, da brannte sogar noch das Licht!" Meint er: „So ein Quatsch! Ein Fahrrad, wo noch das Licht brannte!" Ich sage: „Okay, wenn du bei deinem Hecht achtzig Pfund runtergehst, mache ich bei meinem Fahrrad das Licht aus."

Als ich nach Hause kam, sagte ich zu meiner Frau: „Stell das Essen weg, ich habe keinen Hunger." Meinte sie: „Gut, dann schlage ich noch zwei Eier drüber, kriegt es eben die Katze."

Vergangene Woche war ich beim Arzt. Nach der Untersuchung meinte der zu mir: „Trinken Sie viel?" Ich sagte: „So zwanzig bis dreißig Flaschen Bier täglich. – Es gibt aber auch Tage, da kann ich mich nicht beherrschen!"

An dem Abend war ich mit meiner Frau ganz vornehm essen. Als die Suppe kam, habe ich mich direkt beschwert. Ich sagte: „Herr Ober, der Teller hat einen Sprung!" Der guckt sich das Spiel an und meint: „Das ist kein Sprung, das ist das Würstchen!"

Haben wir uns Hummer bestellt. Ich sage zu dem Ober: „Der Hummer ist aber nicht frisch!" Meinte der Ober: „Doch, der ist heute morgen von der Nordsee gekommen." Ich sage: „Dann muß der aber zu Fuß gekommen sein."

Anschließend war ich mit meiner Frau noch tanzen. Beim ersten Tanz meinte sie zu mir: „Ich tanze Foxtrott, – und du?"

Im letzten Urlaub bin ich in eine ostfriesische Radarkontrolle ge- kommen. Meinte der Polizist: „Sie sind zu schnell gefahren!" Ich sage: „Das müssen Sie mir erst einmal beweisen! Wie schnell bin ich denn gefahren?" Meinte der: „Ssssssssst." Ich sage: „Und wie schnell durfte ich fahren?" Er: „Brrrrrrrrrr."

Treffe ich meinen besten Freund. Erzählt der mir, daß sich seine Frau jetzt scheiden lassen will. Wegen seelischer Grausamkeit! Dabei bringt er ihr jeden Morgen den Kaffee ans Bett! – Sie braucht ihn bloß noch zu mahlen!

Gestern abend saß ich vor dem Fernseher. Es klingelt und meine Frau macht die Türe auf. Kommt sie ins Wohnzimmer zurück, und fragt: „Draußen ist einer, der sammelt für das neue Schwimmbad. Was soll ich ihm geben?" Ich sage: „Drei Eimer Wasser!"

An dem Tag war bei uns ein Rohrbruch. Brüllt mein Jüngster von oben in den Keller: „Papa, du kannst aufhören, den Finger auf das Loch in der Wasserleitung zu halten." Ich rufe zurück: „Wieso, ist der Klempner da?" Antwortet der: „Nein, jetzt brennt die Küche!"

Kam noch ein früherer Arbeitskollege von mir vorbei. Ich frage: „Na, was machst du denn dieses Jahr im Urlaub?" Stöhnt der: „Hör' mir bloß auf mit Urlaub! Vor zwei Jahren in den Bergen wurde meine Frau schwanger, letztes Jahr an der See wurde meine Frau schwanger – aber dieses Jahr fahren wir zusammen!"

Alaaf!

Zwei Schwadschnüsse

(Billa und Marie)

D a m e n - Z w i e g e s p r ä c h   v o n   H e i d i   S p i e s

Billa: Lieber Gott, Marie! Nennst du das einen Hut, was du da auf dem Kopf hast?
Marie: Und nennst du das vielleicht einen Kopf, was du da unter deinem Hut hast, Billa?

Da fällt mir auch der Unterschied zwischen dir und einem Punker ein.
Billa: Und der wäre?
Marie: Ein Punker macht sich absichtlich häßlich.

Billa: Kennst du denn den Unterschied zwischen dir und einer Kaffeemaschine?
Marie: Nein, was kommt denn jetzt für eine Gemeinheit?
Billa: Eine Kaffeemaschine kann man entkalken!

Sag mal, du machst heute aber einen ziemlich schläfrigen Eindruck!
Marie: Das ist das Talent, das in mir schlummert.
Billa: Und was soll das für ein Talent sein?
Marie: Meine schauspielerische Begabung. Ich bin doch jetzt beim Laientheater. Noch gestern hatten wir eine Aufführung. Ich habe die fünfte Hauptrolle und habe die Zuschauer drei Akte lang an ihre Sitze gefesselt.
Billa: Gute Idee, Marie! Da konnten die wenigstens nicht weglaufen!

Wo spielt ihr denn?
Marie: Im Kellertheater am Rathaus. Denk dir, ich habe jedesmal Szenenapplaus!
Billa: Im Kellertheater?

Marie: O ja!
Billa: Kein Wunder, da ist es kalt. Da klatschen die Leute gerne, weil sie kalte Hände haben.

Machst du das denn hauptberuflich?
Marie: Noch nicht. Ich arbeite noch als Sekretärin.
Billa: Du? Als Sekretärin?
Marie: Ja, da staunst du, was?!
Billa: Sag bloß, du könntest Schreibmaschine schreiben!
Marie: Na sicher!
Billa: Bestimmt nach dem System Adler: mehrmals herumkreisen und dann zuschlagen.
Marie: Quatsch, ich bin die Stütze des Hauses. Wenn ich da kündige, verlieren die einen ihrer besten Mitarbeiter!
Billa: Ach, wer geht denn noch?

Also, ich habe gehört, du wärst von allen am meisten auf den Beinen.
Marie: Da kannst du mal sehen! Wer hat dir denn das erzählt?
Billa: Das weiß ich von Müllers Erika. Sie meint, du machst den größten Bogen um die Arbeit.

Marie: Die hat das gerade nötig! Die kann froh sein, daß wir sie genommen haben. Du hättest sie mal sehen sollen, wie die zum Einstellungsgespräch kam! Total aufgedonnert, in einem sexy Minikleid, so lange Wimpern und einem schwarzen Lippenstift! Ich sagte zu ihr: „Ich glaube nicht, daß das bei unserem Chef Eindruck macht. Da hättest du besser deinen Bruder mitgebracht!"

Ich wollte ja jetzt eine Gehaltserhöhung. Aber der Geizkragen sitzt auf dem Geld. Er meint, ich könnte ganz gut mit meinem Gehalt auskommen, wenn ich mich nach meinem Einkommen kleiden würde. Dabei war ich noch nie ein FKK-Anhänger.

Billa: Das kannst du dir bei deiner Figur auch nicht leisten!
Marie: Mensch, Billa, das ist ein Problem! Ich weiß nicht, soll ich nun Tabletten nehmen oder gymnastische Übungen machen, um ein paar Pfund abzunehmen?
Billa: Weder noch! Verzichte lieber auf das Fernsehen und höre mal wieder Radio.
Marie: Wie, davon soll man schlank werden?

Billa: Und ob! Ich habe erst heute wieder gelesen, daß seit Bestehen des Fernsehens die Rundfunkhörer rapide abnehmen.

Marie: Jaja, und du willst mir erzählen, du wärst davon so schlank geworden! Willst du mir nicht dein Geheimrezept verraten?

Billa: Das Rezept ist meine Ehe. Dieser ununterbrochene Ärger zehrt mich auf.

Marie: Ja, und warum trennst du dich dann nicht von deinem Peter?

Billa: Weil ich mein Traumgewicht noch nicht erreicht habe!

Marie: Was habt ihr zwei denn für Ärger?

Billa: Also Marie, jeden Abend liegt der im Bett und liest!

Marie: Ist das denn so schlimm?

Billa: Ja, weißt du auch, was der liest? – Heiratsanzeigen!

Marie: Warum hast du eigentlich ausgerechnet einen Polizisten geheiratet?

Billa: Ja, weißt du, das ging alles so schnell. Als der mich gefragt hat, ob ich ihn heiraten wollte, meinte er gleich anschließend: „Ein Nein ist Widerstand gegen die Staatsgewalt!"

Wie ist es dann mit dir, Marie? Hast du immer noch nicht den Richtigen gefunden?

Marie: Och, es ist einfach schrecklich, ich kann mich nicht entscheiden. Warum können Männer nicht gleichzeitig schön und intelligent sein?

Billa: Weil sie sonst Frauen wären!

Marie: Ich habe jetzt einen Typ kennengelernt! Junge, den habe ich aber abblitzen lassen! Das war im Tanzcafé am Markt. Quatscht der mich doch an und meint: „Na, schönes Fräulein, sind Sie schon für den nächsten Tanz vergeben?" Ich sage: „Nein." Meint der: „Prima, dann können Sie mal meine Zigarette halten."

Billa: Marie, was für eine Frechheit!

Marie: Paß auf, dann wollte der mich zu einer Fahrt in seinem Sportwagen einladen und meint, er hätte den Tiger im Tank. Da habe ich zu ihm gesagt: „Was nützt mir der Tiger im Tank, wenn ein Kamel am Steuer sitzt."

Billa: Das war richtig, Marie! Was ist denn eigentlich mit dem Hubert?

Marie: Ach nein, der ist mir viel zu unromantisch. Einmal hatte ich den zum Essen eingeladen. Als wir nachher noch eine Tasse Kaffee tranken, ging ich aufs Ganze und flüsterte ihm zu: „Liebling, ich kann dir einfach nicht das Gefühl beschreiben, welches mein Inneres aufwühlt." Meint der: „Mir geht es genauso. Wir hätten nach dem Pflaumenkompott eben doch kein Bier trinken dürfen!"

Billa: Am Samstag hat auch der Willi Meier geheiratet.

Marie: Gott sei Dank, ich habe den Kerl nie leiden können. Und wer ist die Unglückliche?

Billa: Webers Irmchen.

Marie: Was, die? Das geht schief. Die kann doch überhaupt nicht das Geld zusammenhalten.

Billa: Woher weißt du das?

Marie: Vorhin wollte ich mir von ihr zwanzig Mark leihen.

Sag mal, Billa, was meinst du? Ob wir im nächsten Jahr einen besseren Sommer bekommen?

Billa: Ja sicher – und an dem Nachmittag nehme ich mir dann frei!

Alaaf!

Et Julchen

Damen-Büttenrede von Marita Köllner

Junge, Junge! Männer sind wie Waschmaschinen. Wenn man sie anmacht, drehen sie durch!

Genau wie mein Jodokus. Als ich den kennengelernt habe, waren seine ersten Worte: „Gestatten, Fräulein – oder sollen wir erst einmal tanzen?"

Ich sage: „Sie kommen mir gerade richtig! Wir kennen uns erst zehn Minuten und schon wollen Sie mit mir in die Heia! Bleiben Sie mal schön auf dem Teppich!" Meint der: „Ist in Ordnung, wenn dir das lieber ist."

Wir sind uns dann doch auf einer Parkbank etwas näher gekommen, und als er mich das erste Mal geküßt hat, meinte er: „Na, wie war es?" Ich sage: „Du küßt wie der Casanova!" Antwortet der: „Erzähl doch nicht so einen Quatsch, der Kerl ist doch schon lange tot!" Ich sage: „Na eben!"

Er machte mir dann doch einen Heiratsantrag. Ich sagte: „Das muß überlegt sein. Du bist ja nicht gerade ein Schönheitspreis!" Meint der beleidigt: „Ich weiß gar nicht, was du willst! Ich war als Kind bildschön, die haben mich nur im Krankenhaus vertauscht."

Kurze Zeit später haben wir dann doch geheiratet. Die Hochzeitsnacht war wie eine Schiffstaufe...... eine Flasche ist an mir zerbrochen!

Am nächsten Morgen fragte er mich: „Herzblättchen, mit wem würdest du mich nach so einer tollen Nacht vergleichen?" Ich sage: „Mit einem Mikrowellenherd, in Null Komma nichts heiß und nach dreißig Sekunden fertig!"

Dann haben wir unsere Hochzeitsreise gemacht. Nach Italien! Unsre Pensionswirtin, die Polenta Amaretto, hatte gerade Fünflinge bekommen. Sie sagte ganz stolz: „Der Doktor hat gesagt, das komme nur alle zwei Millionen Male vor!" Ich sage: „Hau, da habt ihr aber eine harte Zeit hinter euch!"

Ich sage: „Liebe Polenta, ich dachte dein Mann wäre vor sechs Jahren gestorben? Wie kommst du dann jetzt an die fünf kleinen Kinder?" Sagt sie: „Du hast mich nicht richtig verstanden, mein Mann ist tot, nicht ich!"

Am anderen Morgen fuhr mein mir angetrauter Ehegatte mit dem Auto die Zeitung holen. Nach einer halben Stunde kommt er ganz aufgeregt wieder und jammert: „Hasenöhrchen, mir ist etwas schlimmes passiert! Ich bin mit dem Auto gegen den schiefen Turm von Pisa gefahren und jetzt wollen die zehn Millionen Schadenersatz von mir haben!" Ich sage: „Um Gottes willen! Ist der Turm umgefallen?" Meint er: „Nein, aber er steht wieder gerade!"

Da haben wir uns aber schnell aus dem Staub gemacht! Als wir dann wieder zu Hause waren, sage ich zu meinem Jodokus: „Na, mein kleiner Königstiger, war das nicht ein bombiger Urlaub?" Meint der: „O ja, besonders die letzten vierzehn Tage, als du den Sonnenbrand auf der Zunge hattest!"

Jetzt fing der graue Alltag wieder an. Er ging zum Fußball, jeden zweiten Abend Karten spielen und einmal in der Woche zum Kegeln. Und jedesmal kam er betrunken zu Hause an! Ich sage: „Du schön geplätteter Oleanderbaum, wenn du noch einmal besoffen nach Hause kommst, lasse ich mich scheiden!" Sagt der doch: „Samtpfötchen, solange ich noch flach auf der Erde liegen kann, ohne mich festzuhalten, bin ich nicht besoffen!"

Da meinte er: „Ist gut, wenn du dich scheiden lassen willst, dann gib mir aber die Adresse von deinem neuen Tünnes." Ich sage: „Willst du den vielleicht umbringen?" Lacht der und meint: „Nein, ich wollte den nur fragen, ob er mir die Eheringe abkauft."

Ich schimpfe und sage: „Du versoffener Kerl, du weißt doch genau, daß der Arzt dir nur eine Flasche Bier pro Tag erlaubt hat und du säufst heute schon die sechste Flasche!" Lallt der: „Laß mich in Ruhe, das ist doch das Pils vom 6. November 1998!"

Ich tobe: „Du versoffenes Biest, kannst du mir vielleicht einmal erzählen, woher im Keller die ganzen leeren Flaschen herkommen?" Meint er: „Engelchen, das tut mir leid, aber ich habe keine leeren Flaschen gekauft!"

Ich jammere: „Nein, war unsere Beziehung früher doch herrlich! Da sind wir am Sonntag in den Wald gefahren." Meint er: „Mäusezähnchen, das haben wir doch jetzt nicht mehr nötig, die Müllabfuhr nimmt doch alles mit!"

Aber vorgestern ist mir der Kragen geplatzt! Ich sage: „Du Dreckeimer! Mir ist zu Ohren gekommen, daß du mit deinem Kegelclub geschlossen in so einer Kitzelbude gelandet bist! Stimmt das?" Er ganz kleinlaut: „Ja!" Ich sage: „Hast du denn auch?" Er noch kleiner: „Ja!" Ich sage: „Das war aber auch dein Glück, oder sollen deine Kollegen denken, wir könnten uns das nicht leisten?!"

Dann erzählt er mir: „Nun stell' dir mal vor, auf einmal kommt da ein Mann rein, wirft fünfhundert Mark auf den Tisch und brüllt: ‚Ich hätte gerne die häßlichste Frau hier aus dem Schuppen!' Ich sage zu dem: ‚Lieber Mann, für das Geld kriegen Sie doch die Schönste!' Meint der: ‚Nein, die will ich nicht, ich habe Heimweh'!"

Dann mußte mein Männlein acht Wochen auf Montage. Als er ein paar Tage weg war, schellt es mitten in der Nacht. Ich an die Türe, da steht meine Freundin, die Kanaldeckelsmarie, im Türrahmen. Den Kopf voller Beulen und blauer Flecken! Ich sage: „Liebe Marie, wer war denn das?" Meint sie: „Mein Gottlieb!" Ich sage: „Ich dachte, der ist mit dem Jodokus auf Montage!" Schluchzt sie los: „Das habe ich auch gedacht!"

Als die acht Wochen Montage zu Ende waren, kam ein Telegramm von meinem Ehegespenst: „Komme Freitag um 13.10 Uhr in Köln-Wahn an – stop – bringe bitte eine Matratze mit – stop – allerhöchste Eisenbahn!" Da habe ich dem ein Telgramm zurückgeschickt: „Heißgeliebter Goldfasan, ich komme dich abholen – stop – bringe Matratze mit – stop – auch allerhöchste Eisenbahn! PS: Sieh zu, daß du der erste bist, der aus dem Flugzeug kommt!"

Alaaf!

Ein schlauer Schüler

Büttenrede von Kurt Freischläger

Als ich geboren wurde, war ich unheimlich schön – aber leider bin ich in der Klinik vertauscht worden!

Unser Haus-und-Hof-Doktor hat zu unserer Mama gesagt, wenn sie nicht ganz schnell abnimmt, dann sieht er schwarz für sie. Junge, da war sie aber auf hundert: „Was sagen Sie? Ich denke gar nicht daran vor Hunger zu sterben, nur um ein paar Jahre länger zu leben!"

Zu Hause waren wir fünfzehn Kinder. Vier Mädchen und elf Jungen. Wenn ich abends heimkam, habe ich mich nicht getraut, zu fragen was es neues gibt.

Mein Zwillingsbruder und ich sind von einem Vater. Mein Bruder sieht nämlich genauso aus wie ich.

Vorige Woche erwischte mich meine Schwester, als ich mit ihrer Puderdose beschäftigt war. Schimpfte sie: „Was soll denn das? Du darfst dich nicht pudern. Nur Frauen tun das – Männer müssen sich waschen!"

Am Mittwoch hatte meine Mutter ihr Kaffeekränzchen zu Gast. Auf einmal hörten die alle auf zu reden und schauten erstaunt zum Nebenzimmer. Da war vielleicht ein Krach! „Was ist denn da los?" wollte die Frau Schlabberschnüß wissen, „wer brüllt denn da so unchristlich?" Ich sage: „Kein Grund zur Aufregung, das ist unser Opa, der erklärt meinem Vater meine Hausaufgaben!"

Mein Vater ist da ganz anders! Der sagt immer, was er denkt. Als seine Schwiegermutter – was meine Oma ist – auf Besuch kam, fragte er sie direkt: „Wie lange willst du denn diesmal bleiben?" Antwortete sie gutgelaunt: „Och, so lange, bis ich euch auf den Wecker falle." Meinte der Papa: „Wie? Du willst morgen schon wieder fahren?"

Und einen starken Charakter hat mein Vater! Abends geht er nur dann in die Wirtschaft, wenn er vorher eine Sechs gewürfelt hat! Gestern hat er dreißigmal würfeln müssen!

Heute morgen hat meine Schwester laut geschrieen. „Mein Gott", rief der Papa, „was ist denn jetzt schon wieder los?" Meine Schwester ganz laut: „Schau mal rasch, die Mama schiebt mit unserem neuen Auto die Garage über den Hof!"

In der Schule sollten wir über das Thema ‚WER GLAUBT NOCH AN DEN KLAPPERSTORCH' einen Aufsatz schreiben. Und weil mein Papa, wie meine Mama immer behauptet, eine blühende Phantasie hat, habe ich den als meinen persönlichen Berater engagiert. „Klapperstorch, daran glauben?" war er laut am überlegen, und dann hatte er es: „Weißt du was", sagte er, „schreib einfach: Meine älteste Schwester hat dran glauben müssen!"

Morgens früh, ehe ich in die Schule mußte, stand der Gerichtsvollzieher vor der Türe. „Mein Junge", wollte er wissen, „ist dein Vater zu Hause?" Ich sage: „Nein." Meinte er: „Ja, aber sicher deine Mutter?" Darauf ich: „Nein, die hat sich auch versteckt."

Letztens rief die Lehrerin in die Klasse hinein: „Eine Scherzfrage, wer weiß das: Heiraten Kamele auch?" Ich aufgezeigt: „Frau Lehrerin, mein Vater hat gesagt, NUR Kamele!"

In der Biologiestunde meinte die Lehrerin: Es gibt schwerwiegende Gründe gegen die weitverbreitete Unsitte, Tiere zu küssen! Das kann schlimme Folgen haben. Weiß jemand ein Beispiel?" Ich zeige auf: „Ja, Frau Lehrerin, meine Tante Theophilia hat immer ihren alten Kater geküßt." Die Lehrerin: „Aha, ist deine Tante darauf erkrankt?" Ich sage: „Nein, das nicht, aber der Kater ist gestern gestorben."

Da fragt mich doch die Lehrerin weiter: „Wenn ich drei Eier auf das Pult lege und du legst zwei Eier dazu, vieviel Eier sind es dann?" Erst mußte ich lange überlegen, aber dann habe ich gesagt: „Tut mir leid, Fräulein, ich kann keine Eier legen."

Nach der Schule fragt mein Freund mich: „Kommst du mit zur Kirmes?" Ich sage: „Nein, ich habe keine Lust." Meint er: „Da gibt es aber ein großes Schwimmbecken und da schwimmen nackte Frauen mit Seehunden darin!" Ich sage: „In Ordnung, ich komme mit. Seehunde im Schwimmbecken wollte ich immer schon mal sehen."

Ich fahre immer mit dem Fahrrad zur Schule. Fragt mich vor ein paar Tagen ein Lehrer: „Na, wie geht denn dein Fahrrad?" Ich sage: „Es geht nicht, es fährt!" Lächelt der und sagt: „Na gut, wie fährt denn dein Rad?" Ich antworte: „Es geht!"

Nach den Ferien haben wir uns darüber unterhalten, wo jeder in Urlaub war. Als ich an der Reihe war, sagte ich: „Wir waren am Königssee. Ich kann nur jedem raten, niemals am Königssee das Echo auszuprobieren. Da kann man sich ganz schön blamieren." Wollte der Lehrer wissen: „Was soll das heißen, man kann sich da blamieren?" Ich sage: „Wenn Sie da am See stehen und Sie rufen ganz laut: ‚Eins, zwei, drei', gibt das Echo als Antwort: ‚Gsuffa!'"

Alaaf!

Miß Schrubber

Damen-Büttenrede von Heidi Spies

Hier bin ich wieder, Billa Mehlwurm, Staubsaugerpilotin, Parkett-
masseuse, Staubwedelspezialistin, Bodenkosmetikerin, Auskunf-
tei, Geheimnisträger und Klüngeltherapeutin. Jetzt bin ich akade-
misch tätig. Ich habe ein Engagement als Hygiene-Fachfrau bei
einem Medizinalrat. Jeden Abend verteile ich da gleichmäßig Sa-
krotan in der Bude. Wenn Not am Mann ist, helfe ich auch in der
Praxis aus. Junge, da erlebt man Dinger!

Kommt doch so ein Zweizentner-Weib zur Tür rein und meint, sie
wäre das erste Mal bei uns. Fragt mein Doktor: „Sie haben doch
vor mir sicher schon einen anderen Arzt konsultiert." Ruft die:
„Nein, nein, Herr Doktor! Ich habe nur den Adler-Apotheker um
Rat gebeten." Stöhnt mein Chef: „Den Schwachsinn dieses Menschen kenne ich! Und welchen eselhaften Rat hat Ihnen der Apo-
theker gegeben?" Darauf sie: „Er hat mich an Sie verwiesen!"

Der bekommt einen knallroten Kopf und fragt: „Wie heißen Sie?"
Antwortet sie: „Wilhelmine!" Meint er ärgerlich: „Zuname?" Sie
ganz schüchtern: „Jede Woche ein Kilo."

Fängt sie an zu schluchzen: „Früher war ich schlank wie eine
Tanne. Das ist alles nur Kummerspeck. Alles wegen meinem
Mann! Mit dem wird es immer schlimmer. Hinter jedem Rock jagt
der her! Vorige Woche hätte ein Schotte ihn fast erschlagen."

Meint mein Doktor ganz mitfühlend: „Dann hat sich Ihr Mann im
Laufe Ihrer Ehe wohl verändert?" Schimpft sie: „Kann man sagen! Früher erzählte er mir, was er auf dem Herzen hatte, und
heute spricht er nur noch von seiner Leber."

Fragt der Doktor: „Sind Sie wegen Ihrer Gewichtszunahme gekommen?" Stöhnt sie: „Nein, wegen meiner schrecklichen Hals-

schmerzen." Meint er: „Soso, dann lassen Sie mich mal sehen!" Reißt die das Maul meilenweit auf. „Aber, aber", ruft der Doktor, ich will doch nur das Holzstäbchen einführen. Ich selbst wollte eigentlich draußen bleiben!"

Als er das Rezept unterschreiben will, rufe ich: „Aber Herr Doktor, mit dem Fieberthermometer können Sie doch nicht unterschreiben!" Murmelt der: „In welchem Hintern habe ich bloß wieder meinen Kugelschreiber stecken lassen?"

Der nächste Patient hatte dicke Füße. Der zieht sich die Schuhe aus, die Strümpfe, und schon erfüllt ein ordinärer Geruch den Raum. Regt sich der Doktor auf: „Mann, waschen Sie sich gefälligst die Füße, bevor Sie kommen!" Meint der Patient ganz kleinlaut: „Das hat der Orthopäde auch gesagt, aber ich dachte, bevor du was unternimmst, frage lieber eine Kapazität."

Meint der Doktor: „Tja, Sie haben Wasser in den Beinen." Ruft der Patient: „Wie? Das ist doch unmöglich! Ich trinke grundsätzlich kein Wasser, nur Bier." Ich sage „Da muß wohl beim Zähneputzen etwas durchgesickert sein."

Nach der gründlichen Untersuchung fragt der: „Und jetzt sagen Sie mir mal ganz offen, Herr Doktor, an was ich leide." Meint der: „Gut, wenn Sie es ganz genau wissen wollen: Sie saufen zuviel und arbeiten zuwenig!" Ruft der Mann ganz erschrocken: „Aha, dann schreiben Sie mir das doch bitte einmal lateinisch auf, damit ich es auch meiner Frau sagen kann."

Ich sitze in der Anmeldung und entstaube den Schreibtisch, kommt einer reingestürzt, bläst mir seinen Zigarettenqualm in das Gesicht und verlangt ein Rezept für ein Beruhigungsmittel. „Der Streß macht mich noch kaputt", stöhnt er, „ich habe soviel Arbeit, der Tag ist einfach zu kurz." Ich gucke den an, nehme ihm die brennende Zigarette aus dem Mund, drücke die aus und sage: „Dagegen weiß ich ein gutes Mittel, geben Sie das Rauchen auf, dann nimmt der Tag kein Ende!"

Das Telefon schellt, ich hebe ab und rufe den Doktor: „Ich glaube, Sie werden am Telefon verlangt." Fragt der ganz ungehalten: „Was heißt hier ‚ich glaube'?!" Ich sage: „Na ja, so genau weiß ich das nicht. Da hat bloß jemand gefragt: Bist du es, alter Idiot?"

Kriegt der einen roten Kopf und brüllt: „Sagen Sie mal, was ist das für eine Tonart, in der Sie mit mir sprechen?!" Ich sage: „Weiß ich nicht, ich bin völlig unmusikalisch."

Kommt ein Patient auf mich zu und fragt: „Schwester, sagen Sie mal ehrlich, bin ich ein Mensch oder ein Tier?" Ich lache und sage: „Lieber Mann, machen Sie Witze? Natürlich sind Sie ein Mensch!" Meint er: „Danke, danke!" Dann bricht es aus ihm heraus: „Das ist nämlich so: Nachts schlafe ich wie ein Murmeltier, jage am Morgen wie ein Windhund zur Haltestelle, hänge wie ein Affe in der Bahn, komme mir wie ein Kamel vor, weil ich in der Fabrik wie ein Esel schufte, schlinge das Kantinenessen wie ein Wolf herunter und komme ich abends hundemüde nach Hause, fragt meine Frau: Hast du wieder Überstunden gemacht, du Rindvieh?"

Auf dem Heimweg treffe ich den auf der Rheinbrücke und sehe, wie er gerade dabei ist, seine Anzüge in das Wasser zu schmeißen, einen nach dem anderen. Ich stürze auf ihn zu und rufe: „Mann, sind Sie total verrückt geworden?" Sagt der: „Nein, ganz im Gegenteil, das ist eine Radikalkur. Der Arzt hat gesagt, daß eine Grippe im Anzug ist. Ich weiß nur nicht, in welchem."

Am Dom treffe ich meine beste Freundin Juliane. Der hatte ich meinen Doktor empfohlen, als ihr Mann eine böse Angina hatte. „Na", frage ich sie, „ist dein Mann wieder gesund?" Meint sie: „Ja, aber zur Arbeit kann er noch nicht gehen. Wir haben nämlich so viele Medikamente übrigbehalten, daß er noch vierzehn Tage im Bett bleiben muß."

Von wegen! Als wir bei Juliane zu Hause ankommen, ist ihr Mann schon wieder auf den Beinen und krakeelt herum: „Wieso läßt du mich hier solange alleine? Typisch Frau! Ein todkranker Mann zu Hause, aber stundenlang an der Ecke stehen und quatschen! Ich bin das jetzt leid!" Der rennt in das Schlafzimmer, schnappt sich einen Koffer, schmeißt seine Siebensachen rein und schimpft: „Schluß, ein für allemal! Ich haue ab! Meinetwegen nach Kanada, wo ein Mann noch seinen Mann stehen kann. Jagen, im Eismeer Fische fangen, oder ich kämpfe mich durch die Wildnis des Dschungels!" Er reißt die Türe auf, macht auf dem Absatz kehrt und meint: „Da hast du aber noch mal Glück gehabt, ich bleibe, es regnet!"

Alaaf!

Pit und Pat

Zwiegespräch von Heinz Otten

Pat: Hast du es schon in der Presse gelesen?
Pit: Was soll ich gelesen haben?
Pat: Daß wir mit unserer Laienspielgruppe eine Premierenaufführung hatten.
Pit: Das ist ja ein Ding! – Schauspieler bist du auch?
Pat: Na ja, man tut was man kann.
Pit: Was habt ihr denn gespielt?
Pat: „Heinrich der Dritte".
Pit: Alle Achtung! Und wie war das Publikum?
Pat: Das war das Letzte! Wir haben Perlen vor die Säue geworfen!
Pit: Wie meinst du das?
Pat: Ja, also stell' dir vor: Ich spielte natürlich die Hauptrolle und war gerade an der Stelle, wo ich rufen mußte: „Ein Pferd, ein Pferd, ein Königreich für ein Pferd!" – Da ruft doch so ein Trottel: „Ein Pferd haben wir nicht! Darf es auch ein Esel sein?"
Pit: Das ist ja unerhört! – Was hast du denn da gemacht?
Pat: Ganz einfach! Ich habe gesagt: „Selbstverständlich, kommen Sie auf die Bühne!"

Nach der Premiere haben wir dann noch die ganze Nacht gefeiert.
Pit: Wieso gefeiert? Du hattest doch dein Auto dabei!
Pat: Ja natürlich, aber meine Frau meinte, ich soll ganz einfach Rotwein trinken.
Pit: Wieso denn ausgerechnet Rotwein?
Pat: Na, das ist doch klar! Den sieht man bei der Blutprobe nicht.

Pit: Da du gerade von deiner Frau sprichst, ich werde direkt neidisch, wenn ich das schöne, harmonische Verhältnis zwischen euch sehe!
Pat: Das soll ja bei Eheleuten schon mal vorkommen!

Pit: Na, ich werde nun auch bald heiraten müssen.
Pat: Sag mal, spinnst du? Wieso heiraten und wieso müssen?
Pit: Ganz einfach, für einen Junggesellen bin ich nicht mehr rüstig genug.

Mein Bruder hat eine Heiratsanzeige aufgegeben: Suche Frau für's ganze Leben!
Pat: Und? Hat er Antworten bekommen?
Pit: Hunderte! – Nein, tausende Männer haben ihm geschrieben.
Pat: Du hast wohl zu heiß gebadet! Dein Bruder inseriert wegen einer Frau und tausend Männer antworten?
Pit: Und alle diese Männer haben das gleiche geschrieben.
Pat: Das gleiche? Was stand denn in den Briefen?
Pit: „Nehmen Sie meine!"

Da du gerade von zu heiß gebadet sprachst, das trifft doch viel eher auf dich zu!
Pat: Wie meinst du das?
Pit: Dauernd muß ich dich freihalten, weil du angeblich so knapp bei Kasse bist, und du kaufst deiner Frau ein echt Meißener Service für klotziges Geld!
Pat: Davon verstehst du Junggeselle nichts. Das ist höhere eheliche Taktik.
Pit: Aber das kostet doch sicher ein Vermögen?
Pat: Natürlich, aber das ist mir die Sache auch wert!
Pit: Welche Sache?
Pat: Meine Frau läßt mich jetzt nie mehr abwaschen!

Pit: Wenn du schon für solche Dinge so viel Geld ausgibst, solltest du auch mal ein paar Mark für Jalousien in deinem Schlafzimmer anlegen.
Pat: Wie darf ich das verstehen?
Pit: So wie ich es sage! – Man kann ungehindert in dein Schlafzimmer schauen, wenn du wie gestern abend mit deiner Frau ungeniert Zärtlichkeiten austauschst.
Pat: Gestern abend?
Pit: Jawohl mein Bester, gestern abend!
Pat: Du solltest nicht so viel dem Alkohol zusprechen oder dir mal eine gute Brille zulegen.
Pit: Ach ja, und warum?
Pat: Weil ich gestern abend beim Kegeln war!

Pit: Sag, Pat, ich wollte gerne mal wissen, wie es deinem Bruder Karl-Heinz geht?

Pat: Der ist seit fünf Jahren Matrose auf einem Tanker.
Pit: Na, läßt er denn schon mal was von sich hören?
Pat: Ja, in der vergangenen Woche erhielt ich einen Brief von ihm.
Pit: Was schreibt er denn?
Pat: Er schrieb, er säße an Bord und hätte Zypern im Rücken.
Pit: Zypern im Rücken? – Na hoffentlich wird er bald wieder gesund!

Pat: Vom Heiraten kann ich dir übrigens dringendst abraten!
Pit: Ach ja? – Und warum auf einmal?
Pat: Warum? Weil du dann zu zweit Probleme bewältigen mußt, die du alleine gar nicht erst hättest.

Pit: Wieso, hast du mit deiner Frau Probleme?
Pat: Die hat jeder Ehemann mit seiner Frau.
Pit: Wie meinst du das?
Pat: Na, dann paß mal auf. Meine Frau ist kerngesund. Sie geht trotzdem zu einem Arzt und dieser Kerl verordnet ihr zwei Monate Urlaub in einem sonnigen Land.
Pit: Mein Gott, du hast recht, das kostet ja ein Vermögen!
Pat: Das kannst du ruhig laut sagen!
Pit: Ja, aber was hast du da gemacht?
Pat: Ganz einfach, ich habe ihr gesagt, sie soll den Arzt wechseln.

Und dann die Schwiegermutter! – Damit hast du als glücklicher Junggeselle nichts mit am Hut. Aber ich!
Pit: Ach, du hast Krach mit deiner lieben Schwiegermutter?
Pat: Krach? Das ist doch gar nichts! Die hat mich vor Gericht gezerrt und mich angezeigt!
Pit: Ja, aber warum denn?
Pat: Sie hatte sich wieder einmal in meine intimsten Eheprobleme eingemischt und da habe ich sie in meinem gerechten Zorn ein Rindvieh genannt!
Pit: Ein Rindvieh? – Zur Schwiegermutter? – Was hat denn der Richter gesagt?
Pat: Der hat mich mitleidig und verständnisvoll angeschaut und mir zweihundert Mark Buße für's ‚Rote Kreuz' auferlegt.
Pit: Das war alles?
Pat: Nein, er hat mir bei Strafe untersagt, meine Schwiegermutter noch einmal ‚Rindvieh' zu nennen.
Pit: Das ist aber hart!

Pat: Du sagst es. Kaum waren wir vor dem Gerichtssaal, da ging es schon los!

Pit: Was ging los?

Pat: Sie fing schon wieder an zu hetzen: „Das freut mich, mein lieber Schwiegersohn, zweihundert Mark mußt du berappen und ‚Rindvieh' darfst du mich auch nicht mehr nennen!"

Pit: Da bist du aber aus der Haut gefahren, wie?

Pat: Gar nicht! Ich war die Ruhe selber!

Pit: Wie, du hast nicht reagiert?

Pat: Doch schon, ich hab' ihr gesagt: „Liebe Schwiegermutter, halte dein Maul oder ich schlage dir ein Horn ab!"

Pit: Ich habe gehört, du hilfst aber doch ganz gerne deiner Frau beim Kochen?

Pat: Natürlich, Männer kochen ja viel besser als Frauen!

Pit: Ach, und das stimmt?

Pat: Selbstverständlich! Oder hast du schon mal in einem Feinschmecker-Restaurant in der Küche eine Frau als Chef gesehen?

Pit: Nein.

Pat: Na also!

Pit: Was kochst du denn am liebsten?

Pat: Das ist mir gleich, wie es kommt.

Pit: Probierst du auch mal was ganz neues aus?

Pat: Ja sicher! Vergangenen Sonntag habe ich zum ersten Mal eine große fette Gans zubereitet.

Pit: Na, erzähl' doch mal, wie hast du das gemacht.

Pat: Mit männlichem Sachverstand und männlicher Überlegenheit. Ich habe das Tier gerupft und geflämmt, dann habe ich es unter fließendem Wasser abgespült und dann mit dem Staubsauger...

Pit: Moment mal, sagtest du Staubsauger? Was in aller Welt willst du bei einer Gans mit einem Staubsauger?

Pat: Das ist mal wieder eine dumme Frage! – Ausnehmen natürlich!

Alaaf!

Ein Feuerwehrmann

Büttenrede von Franz Unrein

Gut Schlauch!

Nein, was war bei uns im Dorf los, als die neue Feuerwehrspritze eingeweiht wurde! Unser Bürgermeister sagte in seiner Rede: „Möge diese Spritze den älteren Jungfrauen gleichen – stets bereit, doch von niemand begehrt!"

Ein Reporter von der Bild-Zeitung fragte mich: „Sie sind doch der ‚Obere Schlauchführer'. Wie ich höre, haben Sie in dem Fach ganz klein angefangen. Was waren sie zuerst?" Habe ich ihm geantwortet: „Zuerst war ich Brandstifter!"

Dann wollte der noch wissen: „Was sind denn Ihre liebsten Brände?" Ich sagte: „Die Weinbrände!"

Abends war im Dorfhaus Feuerwehrfest! Nach dem Tanz lag die Frau vom Bäckermeister mit dem Feuerwehrhauptmann im Bett. Da kam überraschend ihr Mann nach Hause und brüllte: „Was treibt ihr da?!" Meinte der Feuerwehrhauptmann: „Das ist dienstlich! Ihre Frau hat im Bett geraucht!"

Am anderen Morgen hatten wir Großalarm. In der Stadt brannte ein Hochhaus! Siebzehn Stockwerke hoch! Als wir ankamen, rief ich zu unserem Brandmeister: „Unsere Leitern reichen nur bis zum siebten Stock!" Meinte der: „Okay Jung's, dann macht erst mal Pause und spielt Skat. Wir warten, bis das Feuer sich weit genug heruntergefressen hat."

Ein Mann kam aus dem Haus heraus und sagte: „Ich bin nach dem Alarm seelenruhig aus dem Bett gestiegen, habe mich noch gewaschen, rasiert und angezogen, und als ich merkte, daß meine Krawatte schief war, habe ich sie neu gebunden. Es geht doch nichts über Ruhe und Kaltblütigkeit!" Ich konnte mir die Frage nicht verkneifen: „Das ist ja gut und schön, aber warum haben Sie keine Hose an?"

Im zweiten Stock hatten sich zwei schießwütige Gangster versteckt. Die sollten wir rausholen und der Polizei übergeben! Ich sagte zu meinem Kollegen: „Geh du vor und mache dir keine Sorgen. Du wirst gerächt!"

Plötzlich rief eine alte Dame um Hilfe! Die hing am Fenster! Ich die Leiter rauf, und als ich das Mütterchen im Arm hatte, sage ich zu ihr: „Oma, wenn wir jetzt herunterklettern, beiße die Zähne zusammen." Meinte sie: „Dann müssen wir zurück. Die liegen im Badezimmer!"

Aber für mich als Feuerwehrmann war das tollste Erlebnis, als das Eros-Center brannte! Ich sitze auf der Wache und plötzlich ein Anruf: „Kommen Sie schnell zum Freudenhaus!" Ich frage ganz aufgeregt: „Wie kommen wir denn dahin?" Ruft die am Telefon: „Ja, habt ihr denn nicht mehr die roten Autos?"

Als wir nach zwanzig Minuten ankommen, läuft mir auf dem Hof ein halbnackter Mann in die Arme und ruft: „Haben Sie ein blondes nacktes Mädchen gesehen?" Ich rufe zurück: „Nein!" Meint er: „Wenn Sie es sehen, können Sie es haben, bezahlt hatte ich schon!"

Kurz darauf erblickten meine Augen das Mädchen im fünften Stock. Ich rauf und rette sie! Als wir unten waren, sagte sie: „Oh, vielen Dank! Sie waren großartig! War es schwer, mich herunterzuholen?" Ich sagte: „Schwer war es schon! Ich mußte erst zwei Kameraden von der Leiter werfen, die auch herauf wollten!"

Für meinen Einsatz erhielt ich eine Woche später eine Ehrenmedaille. Mein Chef meinte: „Weil Sie mancher Frau das nackte Leben gerettet haben. Aber beim nächsten Einsatz kümmern Sie sich auch mal um die bekleideten Frauen!"

Im Sommer hatte der Bürgermeister Geburtstag. Da wurde im Rathaus gegrillt. – Plötzlich brannte die Bude! Aber wir waren schnell zur Stelle, und am anderen Tag schrieb die Zeitung: „Beim Brand des Rathauses wurden die Beamten leicht verletzt. – Menschen kamen nicht zu Schaden!"

Apropos Beamte! Im Bundeshaus hatten wir einmal eine Übung. Als die Sirene zum Feueralarm ertönte, stürmten sämtliche Beamten ins Freie. Die Zeit wurde gestoppt: Drei Minuten und zwanzig Sekunden!

Doch interessehalber stoppte unser Einsatzleiter die Zeit nach Büroschluß noch einmal. Da hat er vielleicht gestaunt! In zwei Minuten und fünf Sekunden war das ganze Gebäude leer!

Alaaf!

Ne Trockene

Büttenrede von Heribert Pauly

Schon der Volksmund sagt: Kratzt die Mutter sich am Bein, wird's wohl Zeit zum Waschen sein! Oder: Wem Gott will rechte Gunst erweisen, dem läßt er seine Frau verreisen! Oder das russische Sprichwort: Nicht fressen und picheln, sondern hämmern und sicheln!

Da sagt meine Frau beim Kaffeetrinken zu mir: „Ich bin beschämt über die Art, wie wir leben. Meine Mutter zahlt die Miete, die Tante kauft für uns die Kleidung, meine Schwester schickt uns Geld für Lebensmittel. So kann das doch nicht weitergehen!" Ich sage: „Da hast du recht. Deine Brüder könnten ruhig auch mal ein paar Mark locker machen."

Danach wollte ich etwas tun. Ich ging also zum Arbeitsamt und sagte: „Guten Morgen, ich hätte gerne eine Stelle!" Meint der Beamte: „Moment mal", blättert in seiner Kartei und sagt: „Vielleicht wäre das was für Sie. Fünftausend Mark netto im Monat, drei Monate Urlaub, Dienstwagen mit Chauffeur, Arbeitszeit von elf bis fünfzehn Uhr!" Ich sage zu dem: „Wollen Sie mich verarschen?" Darauf der Beamte: „Wer hat denn mit dem Quatsch angefangen?"

Da sollte unsere Gemeinde eine neue Brücke bekommen. Der Gemeinderat empfiehlt vor der Freigabe für den Verkehr eine Belastungsprobe durchzuführen. Sagt der Bürgermeister: „Wir laden einfach alle Schwiegermütter ein. Hält die Brücke der Belastung stand, ist das Werk gut – und wenn nicht, war es ein gutes Werk!

Draußen wollte ich ein Taxi anhalten. Ich rief: „Hallo Taxi!" Dreht der Fahrer das Fenster runter und ruft: „Hallo Fußgänger!"

Da saß ich schön ruhig in einer Bar, kommt einer rein mit einem

Frosch auf dem Kopf. Ich sage: „Wo hast du den denn her?"
Sagt der Frosch: „Aus Ostfriesland!"

Auf einmal nähert sich mir eine Puppe: „Na, Süßer! Wollen wir nicht ein Gläschen trinken?" Darauf ich: „Ich bin ja nicht der Rockefeller, aber wenn es unbedingt sein muß." Kurz danach: „Süßer, wollen wir nicht ein Tänzchen wagen?" Darauf ich: „Ich bin zwar nicht der Fred Astair, aber wenn es unbedingt sein muß." Kurze Zeit später: „Na, Schatz! Wollen wir nicht zusammen schlafen?" Darauf ich: „Ich bin zwar nicht der Don Juan, aber wenn es unbedingt sein muß." Auf der dritten Treppe meint sie: „Nun, wie wäre es mit hundert Mark?" Ich sage: „Ich bin zwar kein Zuhälter, aber wenn es unbedingt sein muß, gib her!"

Dann kam ein Schulkollege rein, den ich längere Zeit nicht gesehen hatte. Ich sage: „Na, bist du schon verheiratet?" Er: „Ja!" Ich frage: „Hast du Kinder?" Er: „Ja, drei Stück." Ich frage: „Wohnen die alle noch zu Hause?" Er: „Nein, nur die Verheirateten."

Dann rieb er sich die Hände und meinte: „Endlich keine finanziellen Probleme mehr, ich bin pleite!"

Sein Spruch war immer: Nur wer die Arbeit kennt, weiß was ich meide!

Vorsichtig war der schon immer. Der ist als Soldat nur auf den Händen gelaufen, weil er nicht auf eine Mine treten wollte!

Aber eingebildet war der auch! Als der fünfundzwanzig Jahre verheiratet war, hat er Einladungskarten rausgeschickt. Stand drauf: Herr und Frau Katschmarek geben sich die Ehre zu ihrer echt silbernen Hochzeit einzuladen.

Sie war eine echte Dame! Das konnte man schon daran sehen, wie sie die Kirschkerne ausspuckte.

Von der stammt auch der Satz: Gastfreundschaft ist die Kunst, Besucher zum Bleiben zu veranlassen, ohne sie am Gehen zu hindern.

Der stand mal auf der Straße und rauchte. Spricht ihn einer an: „Wieviel Zigaretten rauchen Sie so am Tage?" Er: „Sechzig Stück!" Meint der Fremde: „Das sind zwölf Mark am Tag, im Jahr circa viertausendfünfhundert Mark. Wie lange rauchen Sie denn schon?" Sagt mein Freund: „Über vierzig Jahre" Darauf der Fremde: „Sehen Sie das schöne Haus da drüben? Das könnte Ihnen gehören, wenn Sie nicht rauchten." Meint mein Freund: „Rauchen Sie denn?" Der Fremde: „Nein." Mein Freund: „Gehört Ihnen das Haus?" Der Fremde: „Nein." Darauf mein Freund: „Aber mir!"

Einmal meinte er zu mir: „Wenn ich Unternehmer wäre, würde ich nur Frauen einstellen, die aussehen wie Mädchen, sich benehmen wie Damen, denken wie Männer und schuften wie Pferde!"

Der war vielleicht clever! Sagt der zu mir: „Würdest du mir fünfzig Mark leihen, aber nur fünfundzwanzig auszahlen?" Ich sage: „Gerne, aber warum soll ich dir nur fünfundzwanzig Mark auszahlen?" Meint er: „Wenn du mir fünfzig Mark leihst, aber nur fünfundzwanzig auszahlst, schuldest du mir fünfundzwanzig Mark und ich dir fünfundzwanzig Mark. Also sind wir quitt!"

Ich fragte: „Was hast du eigentlich für einen Mantel an?" Meint er: „Einen Allwettermantel. An warmen Tagen ziehe ich ihn einfach aus."

Der verstand sich auch nicht so richtig mit seiner Frau. Die sagte mal zu ihm: „Stundenlang kannst du saufen, ohne Durst zu haben!" Er konterte: „Und du stehst stundenlang vor dem Spiegel, ohne schön zu sein!"

Die war aber auch schäbig! Die durfte im Büro nur die Drohbriefe schreiben.

Der fehlte zum Busenfreund beides!

Ihr Mann hat die mal als Vogelscheuche in den Garten gestellt. Da haben die Spatzen die Körner vom vorigen Jahr wieder zurückgebracht.

Die war auch sehr häuslich! Die machte aus dem Anzug die Flecken mit dem Locher weg.

Ich hörte mal, wie er mit ihr schimpfte: „Ja, sicher kriegen auch andere Leute Anzeigen wegen Geschwindigkeitsüberschreitung, aber nicht in der Waschanlage!"

Meinte er zu mir: „So eine Frau gibt es nur einmal unter Millionen, und ausgerechnet ich habe sie erwischen müssen!"

Aber der ihr Vater war schon nicht gescheit im Kopf. Der ist erfroren. Der wollte im Autokino den Film sehen „Im Winter geschlossen"!

Neulich fragte ich meinen Freund: „Wie hat es denn deine Frau aufgenommen, als sie dich mit der Puppe im Bett traf?" Meint er: „Auf Video."

Deren Tochter brachte mal einen Freund mit nach Hause und präsentierte ihn strahlend: „Das ist Jonny, Papa. Ist er nicht phantastisch! Er hat noch keine Stelle und will mich trotzdem heiraten!"

Als sie den das erste Mal mit nach Hause nahm, sagte sie zu ihm: „Meine Eltern werden dir sehr sympathisch sein, sie sind nämlich nicht zu Hause!"

Der sagte mal zu seinem Jungen: „Wenn du mal reich bist, mußt du immer an die Armen denken, das kostet dich keinen Pfennig."

Der Junge wurde von seinem Lehrer gefragt: „Warum haben die Hubschrauber einen Propeller?" Meint der Junge: „Damit der Pilot nicht schwitzt." Lehrer: „Falsch!" Ruft der Junge: „Aber ich habe doch selber gesehen, als der Propeller nicht mehr lief, fing der Pilot ganz schön an zu schwitzen!"

Alaaf!